ATLAS

DE

GÉOGRAPHIE SACRÉE.

Cartes comprises dans cet Atlas.

Pl. 1. Paradis terrestre.
Dispersion des hommes après la confusion des langues.

2. Terre de Chanaan, avant l'arrivée des Israélites.

3. Route des Israélites dans le désert.

4. Terre d'Israël, divisée en 12 tribus.

5. Palestine, en 4 provinces.
Plan de Jérusalem.

6. Voyages de saint Paul.

Tout exemplaire qui ne porte pas la signature des auteurs est contrefait.

Meissas, Michelot

Paris.— Typographie de Firmin Didot Frères, rue Jacob, 56.

ATLAS

DE

GÉOGRAPHIE SACRÉE

PAR

MM. Achille MEISSAS ET MICHELOT,

AUTEURS D'UNE GÉOGRAPHIE SACRÉE

ET

DE PLUSIEURS AUTRES OUVRAGES DE GÉOGRAPHIE,

ADOPTÉS PAR L'UNIVERSITÉ ROYALE.

PARIS,

CHEZ L. HACHETTE,
LIBRAIRE DE L'UNIVERSITÉ ROYALE DE FRANCE,
RUE PIERRE-SARRAZIN, 12.

1841.

OUVRAGES DE MM. ACHILLE MEISSAS ET MICHELOT,
QUI SE TROUVENT CHEZ LE MÊME LIBRAIRE.

GÉOGRAPHIE.

	fr.	c.
NOUVELLE GÉOGRAPHIE MÉTHODIQUE par MM. *Achille Meïssas et Michelot*, suivie d'un petit traité sur la construction des cartes, adoptée par l'université; 1 vol. in-12, prix, cartonné.	2	50
PETITE GÉOGRAPHIE MÉTHODIQUE, par *les mêmes*, 1 vol. in-18 cartonné.	»	60
TABLEAUX DE GÉOGRAPHIE, par *les mêmes*, adoptés par l'université; 27 tableaux sur couronne, et un tableau de procédés.	3	»
MANUEL DE GÉOGRAPHIE, contenant les mêmes tableaux; 1 vol. in-18 cartonné.	»	75
GÉOGRAPHIE ANCIENNE, comparée avec la géographie moderne, par MM. *Achille Meïssas et Michelot*, adoptée par l'université; 1 vol. in-12, cartonné.	2	50
PETITE GÉOGRAPHIE ANCIENNE, par *les mêmes*, 1 vol. in-18, cartonné.	1	»
GÉOGRAPHIE SACRÉE, par *les mêmes*, avec un plan de Jérusalem, 1 vol. in-18, cartonné.	1	25

GRAMMAIRE.

	fr.	c.
GRAMMAIRE FRANÇAISE, par MM. *Achille Meïssas, Michelot* et *Picard*, adoptée par l'université; 1 vol. in-12, cartonné.	1	35
TABLEAUX DE GRAMMAIRE, par *les mêmes*, adoptés par l'université.	3	»
MANUEL DE GRAMMAIRE, contenant les mêmes tableaux, 1 vol. in-18 cartonné.	»	75
EXERCICES DE GRAMMAIRE ET D'ORTHOGRAPHE, par *les mêmes auteurs*, 1 vol. in-12, cartonné.	1	35
CORRIGÉS DES EXERCICES, 1 vol. in-12, cartonné.	1	35

HISTOIRE.

	fr.	c.
TABLEAUX D'HISTOIRE DE FRANCE, par MM. *Achille Meïssas et Michelot*.	3	50
MANUEL contenant les mêmes tableaux et le portrait de chaque roi, 1 vol. in-18, cart.	»	75

LECTURE.

	fr.	c.
MÉTHODE DE LECTURE SANS ÉPELLATION, par MM. *Lamotte, Perrier, Meissas* et *Michelot*, adoptée par l'université et par l'Institut royal des Sourds et Muets, 66 tableaux sur couronne.	3	75
MANUEL POUR LES INSTITUTEURS, contenant les mêmes tableaux et les procédés de l'enseignement, 1 vol. in-18.	1	»
— Le même, sans les procédés de l'enseignement, à l'usage des élèves, 1 vol. grand in-18, broché.	»	25

PÉDAGOGIE.

	fr.	c.
MANUEL DES ASPIRANTS AUX BREVETS DE CAPACITÉ pour l'enseignement primaire élémentaire, et pour l'enseignement primaire supérieur, par MM. *Lamotte, Meissas et Michelot*, adopté par l'université, avec un Programme des questions; 2 vol. in-8°.	6	50
Le *Programme* seul, à l'usage des inspecteurs et des comités.	1	»
MANUEL DES ASPIRANTES AUX BREVETS DE CAPACITÉ pour l'enseignement primaire, et aux brevets de maîtresse de pension, par MM. *Lamotte, Lesieur, Meissas et Michelot*, adopté par l'université; 2 vol. in-8°.	8	»
Le *Programme* seul.	1	»

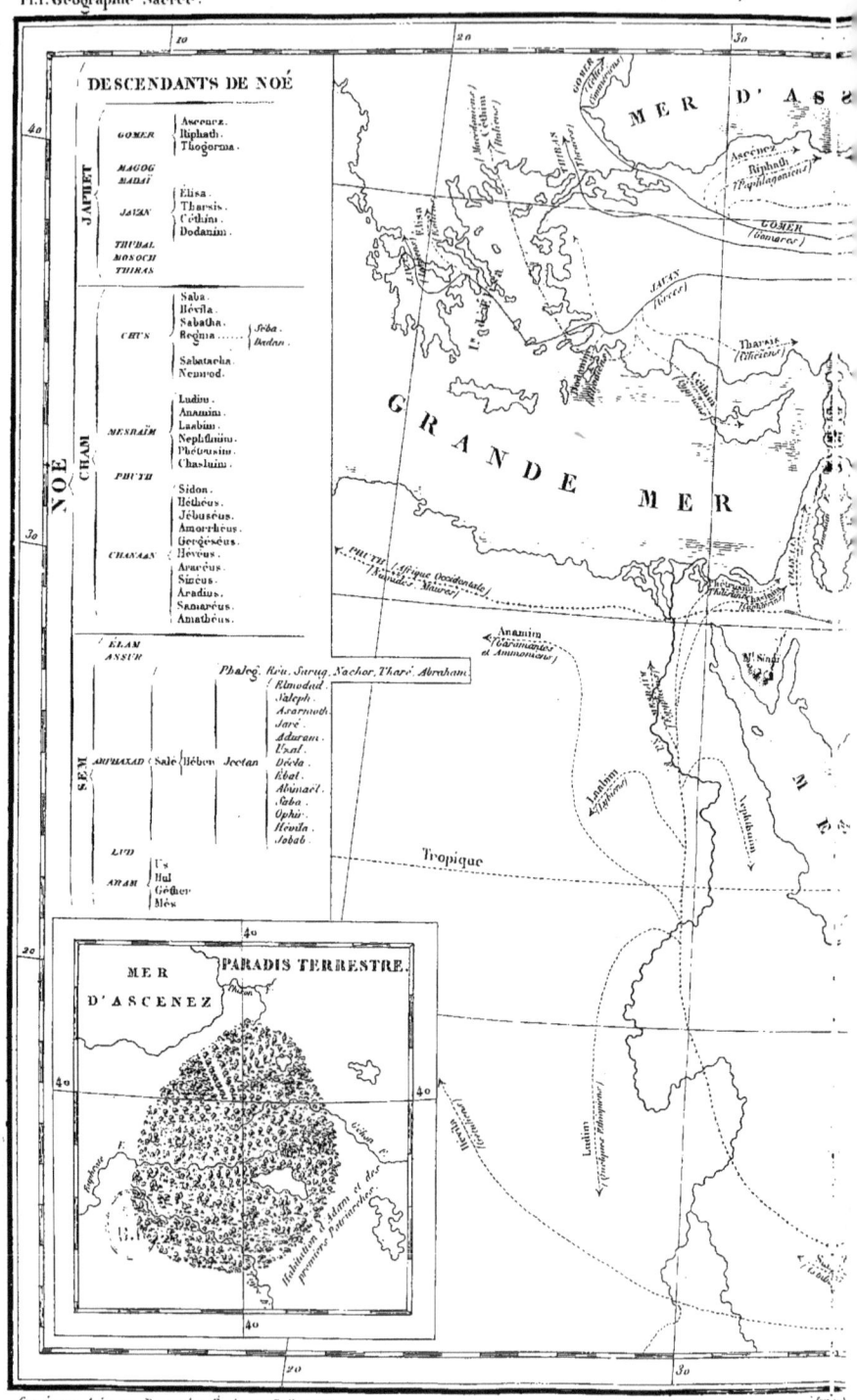

Pl. 1. Géographie Sacrée.

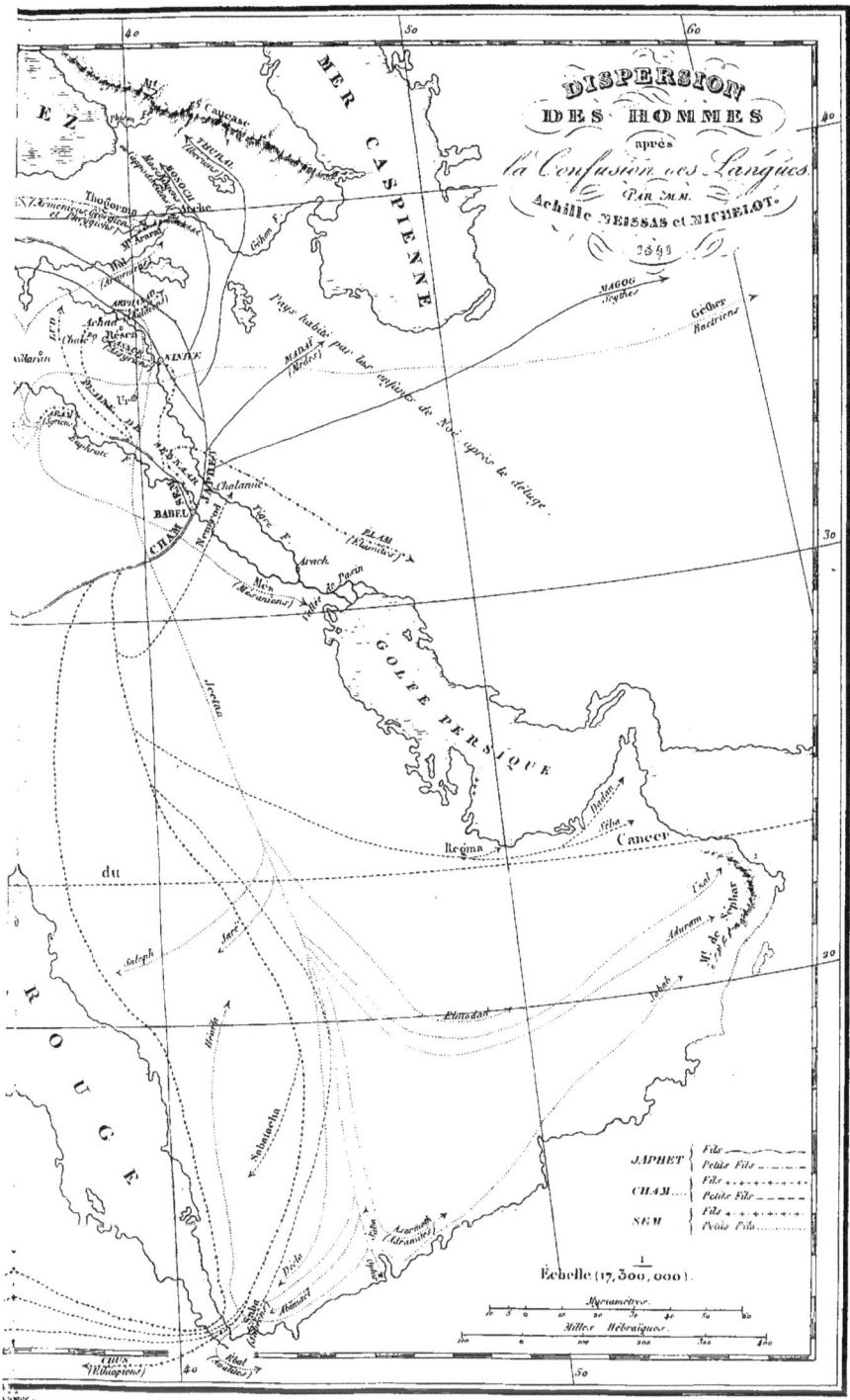

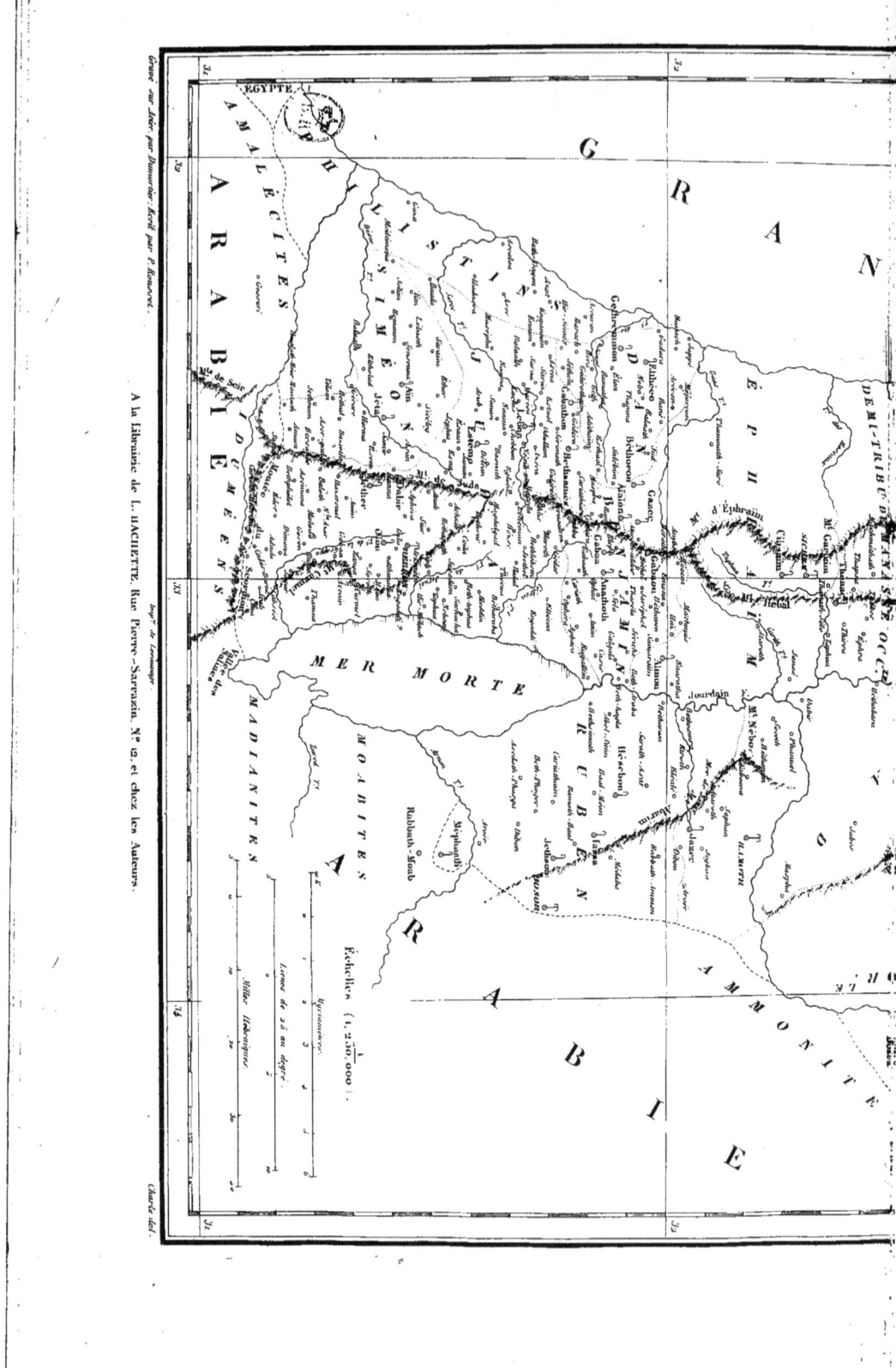

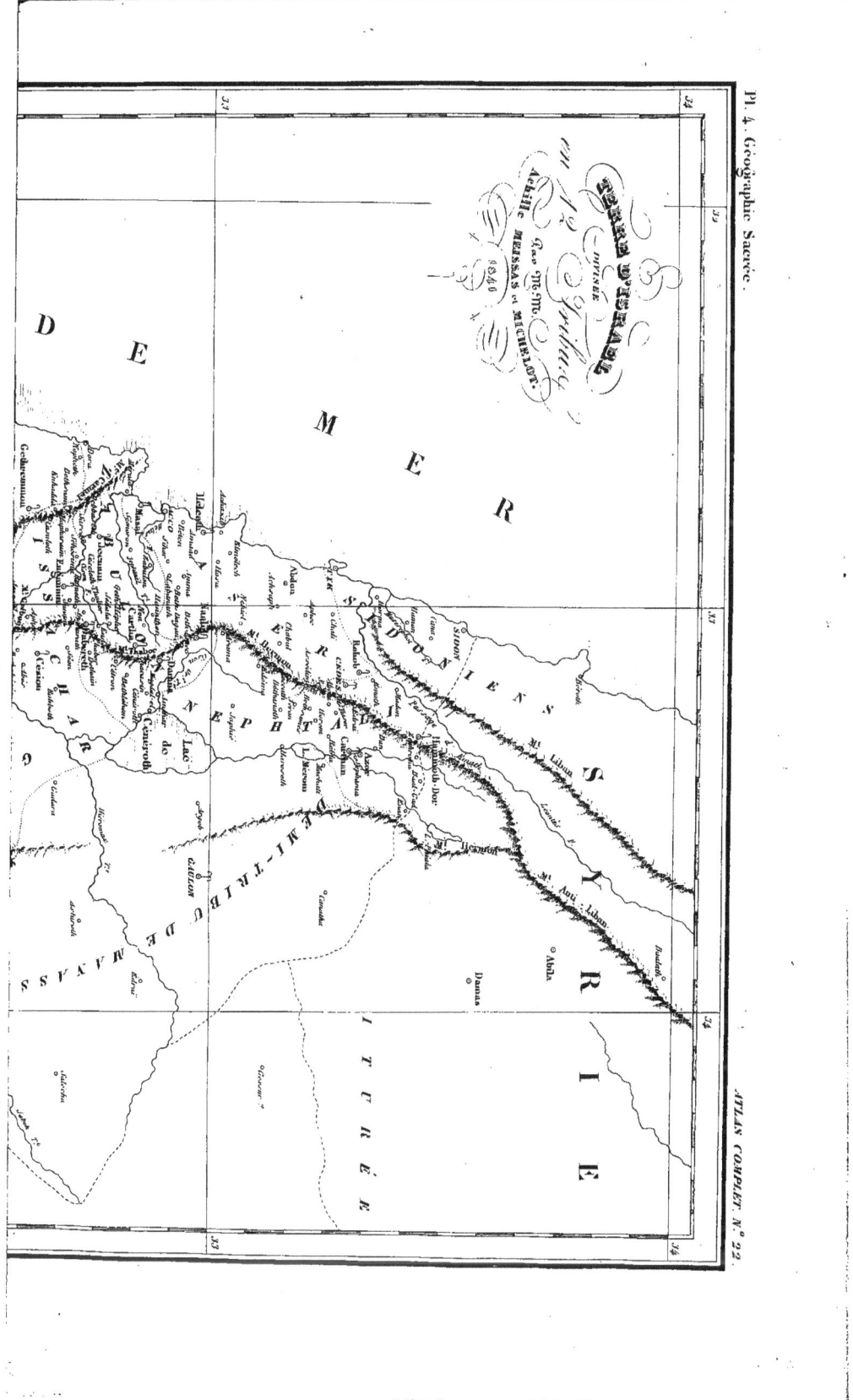

Gravé sur Acier, par H^{te} Bouvalet; Écrit par P. Rousset. Imp.^{ie} de Lemercier. Charle del.

A la Librairie de L. HACHETTE, Rue Pierre-Sarrazin N° 12, et chez les Auteurs.

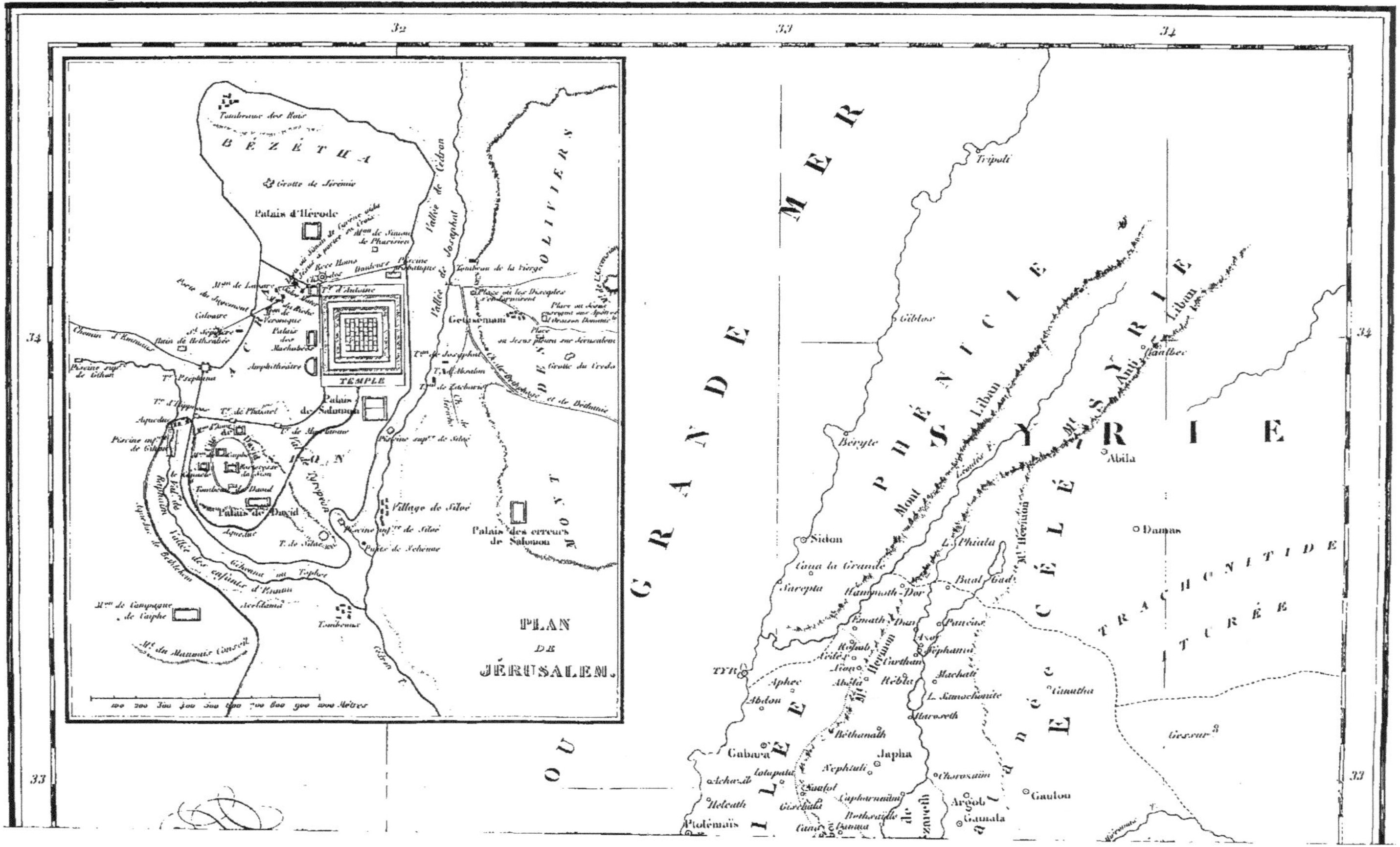
PLAN DE JÉRUSALEM.
Tombeaux des Rois
BÉZÉTHA
Grotte de Jérémie
Palais d'Hérode
Temple
Palais de Salomon
Palais de David
Tombeau de David
Amphithéâtre
Calvaire
Bain de Bethsabée
Chemin d'Emmaüs
Piscine supre de Gihon
Piscine infre de Gihon
Tr. d'Hippicus
Tr. de Phasael
Tr. Antonia
Aqueduc
Vallée de Cédron
Vallée de Josaphat
Tombeau de la Vierge
Gethsemani
Grotte du Credo
Village de Siloé
Piscine supre de Siloé
Piscine infre de Siloé
Puits de Néhémie
Palais des erreurs de Salomon
Vallée des enfants d'Hinnom
Géhenne ou Tophet
Aceldama
Tombeaux
Mon de Campagne de Caïphe
Mt du Mauvais Conseil
Cédron
MONT DES OLIVIERS
100 200 300 400 500 600 700 800 900 1000 Mètres
OU GRANDE MER
PHÉNICIE
SYRIE
CÉLÉSYRIE
TRACHONITIDE
ITURÉE
Tripoli
Giblos
Béryte
Sidon
Cana la Grande
Sarepta
Tyr
Ptolémaïs
Mont Liban
Anti Liban
Balbec
Abila
Damas
Mt Hermon
L. Phiala
Baal Gad
Paneas
Hamath-Dor
Emath
Dan
Rohob
Aphec
Abdon
Gabara
Achazib
Helcath
Jotapata
Japha
Nephtali
Bethanath
Capharnaüm
Bethsaïde
Chorozaïm
Gaulon
Gamala
Argob
Hazoreth
L. Samochonite
Cinnatha
Gessur
Rebla
Machati
32
33
34

Pl. 6. Géographie Sacrée.

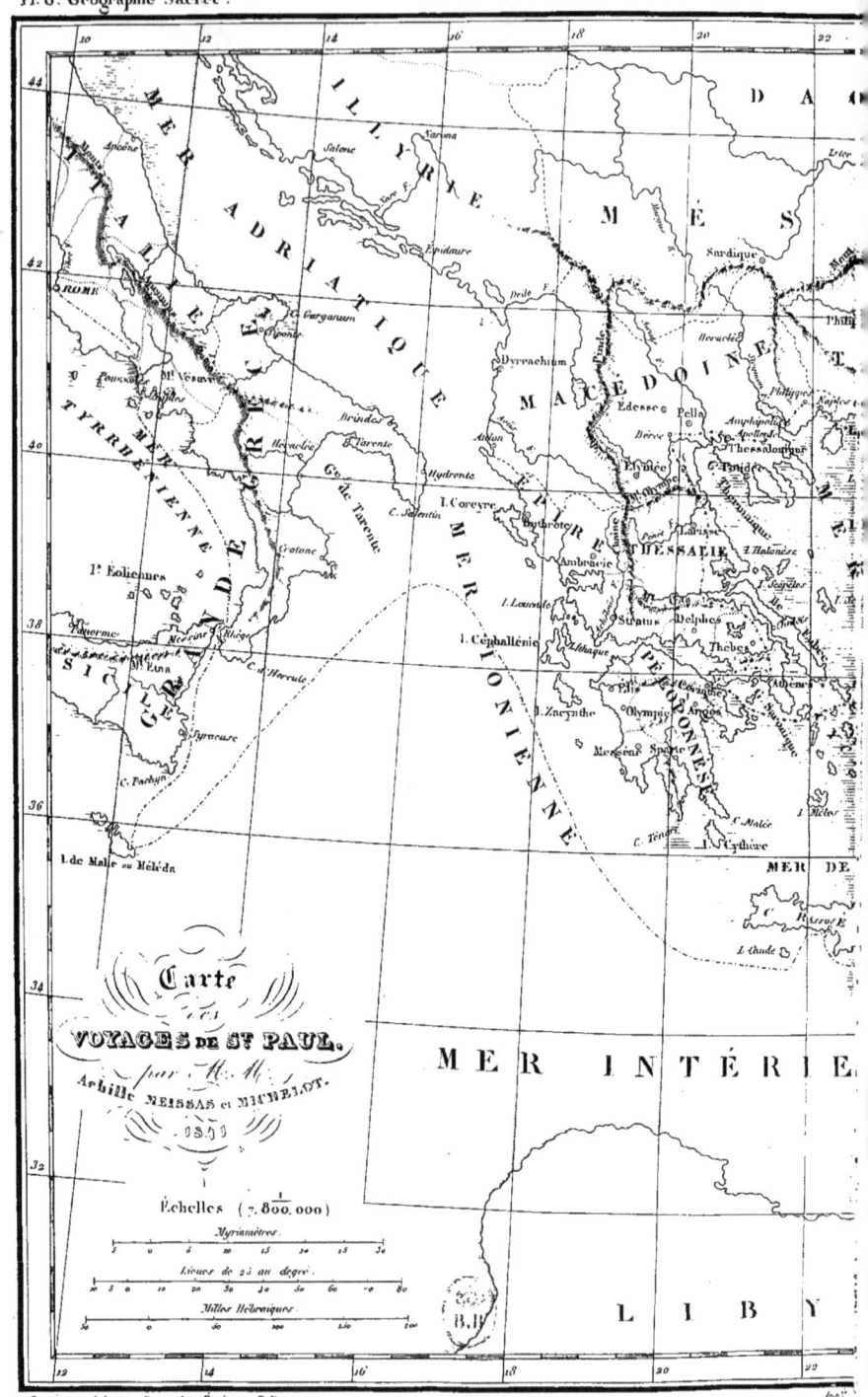

www.ingramcontent.com/pod-product-compliance
Lightning Source LLC
Chambersburg PA
CBHW071421060426
42450CB00009BA/1963